Inhalt

Alena Schulz

STOLZ

STOLZ

Vorwort

Liebe Lehrer, liebe Eltern,

hier einige Vorschläge zum Arbeiten mit diesem Heft:

– Ausmalen und Beschriften

Die Staaten werden in verschiedenen Farben ausgemalt.
Die Namen der Staaten werden eingetragen, deren Hauptstädte lokalisiert und mit Namen bezeichnet.
Wichtige große Städte werden eingetragen.
Flüsse werden blau eingezeichnet und mit Namen versehen, ebenso die Seen.
Gebirgszüge können braun schraffiert werden.
Für alle diese Aufgaben wird der Atlas benötigt. Das Suchen und Übertragen auf das eigene Arbeitsblatt hat einen nachhaltigen Lerneffekt.

– Spielvorschlag

Zwei Schüler bearbeiten gemeinsam ein oder mehrere Aufgabenblätter. Jeder überträgt die Konturen von je drei verschiedenen Staaten auf ein leeres Blatt. Die Blätter werden getauscht. Die Partner müssen nun die Namen der in Umrissen gezeichneten Staaten herausfinden.

– Auswendiglernen

Das Auswendiglernen fördert nicht nur die Konzentration, es hat einen tieferen Sinn, den wir wieder für die Pädagogik entdecken sollten. Selbst wenn das Gelernte zunächst nicht richtig begriffen wird, so wird es doch dem Namen nach vertraut. Geographische Begriffe nisten sich tief im Gedächtnis ein und werden viel später wieder lebendig, etwa bei einer Reise. „Davon habe ich doch schon irgendwo gehört", denkt der Mensch erfreut und kann sich endlich ein rundes Bild machen. Lassen Sie also gelegentlich Begriffe aus der Geographie auswendig lernen wie Vokabeln. Beispiele dazu finden sich in diesem Arbeitsheft.

– Exzerpieren

Das Exzerpieren ist eine Form des selbständigen schriftlichen Lernens, bei der die Schüler einen Text intensiv lesen und sich den Inhalt erarbeiten. Das Exzerpieren sollte regelmäßig geübt werden.
Auf der nächsten Seite wird den Schülern diese Arbeitsform vorgestellt. Mit den vorliegenden Arbeitsblättern, die entsprechend angelegt sind, kann das Exzerpieren eingeübt werden. Ein breiter rechter Rand bietet sich zum Herausschreiben von Begriffen an.

Schüler sollen lernen, mit dem umfangreichen Wissen unserer Zeit umzugehen. Das ist heute mehr als früher ein Ziel des schulischen Unterrichts. Zur Fähigkeit, sich Informationsquellen aufzuschließen, gehört vor allem auch jene, das Wissen reproduzieren zu können. Dies ist die Vorstufe zum Begreifen und Erkennen; jetzt erst kann das neue Wissen mit dem alten verknüpft werden.

In früheren Zeiten lernten wir das Reproduzieren vor allem durch Abschreiben von Texten von der Wandtafel oder aus Schulbüchern und durch Auswendiglernen. Davon wird heute fast völlig abgesehen – mit den bekannten, vielfach beklagten Folgen, die oberflächlicher Lernkonsum eben so nach sich zieht.
Ich bin der Ansicht, Auswendiglernen und Üben sind Lernstufen auf dem Weg zu Bildung und Wissen. Wird darauf verzichtet, kann das mit Informationen vollgestopfte Gehirn kein Raster zum Einhängen bilden und scheidet das vagabundierende Wissen wieder unverdaut aus.

Wir sollten den Stoff, den wir unseren Schülern darbieten, mit Bedacht reduzieren und entsprechend aufbereiten. Dies ist in diesem Band geschehen. Zum Thema „Europa" wäre noch wesentlich mehr zu sagen. Wir haben uns darauf beschränkt, exemplarische Aussagen zu machen. So wird eine Grundlage für das Weiterlernen gelegt und Interesse geweckt.

In diesem Heft werden Schüler angeregt, Texte aufmerksam zu lesen und das Wichtigste zu exzerpieren. Anschließend wird der Versuch gemacht, den Inhalt des Gelesenen in eigenen Worten wiederzugeben, wobei die Anlehnung an die Vorgabe nicht nur unvermeidbar, sondern sogar ausdrücklich erwünscht ist. Durch das Exzerpieren und Formulieren werden Ausdrucksfähigkeit und Gedächtnis geschult. Inhalte werden besser behalten.

Lernen kann nicht immer Unterhaltung sein. Haben wir den Mut, uns zu dieser Erkenntnis zu bekennen. Die Freude stellt sich ein, wenn der Erfolg für den Lernenden sichtbar wird. Lernrituale wie das regelmäßige Exzerpieren helfen dabei, die tägliche Arbeit zu bewältigen.

Karin Pfeiffer

LERNEN

Wie du gut lernen kannst – 6 Schritte zum Erfolg

1. Nimm einen Farbstift zur Hand, am besten einen Leuchtmarker.
2. Setz dich bequem hin, hole tief Luft, mach für einen Moment die Augen zu.
   Sage: Ich bin jetzt ganz entspannt und werde mich in den nächsten zehn Minuten ganz auf den Text konzentrieren.
3. Lies jetzt aufmerksam, denke gut mit.
4. Lies ein zweites Mal. Markiere dabei mit dem Leuchtstift einzelne Wörter, die dir wichtig sind. Schreibe die Wörter rechts neben den Text. Auf keinen Fall sollst du alles markieren!
   Wenn du in dem folgenden Text etwa zehn bis fünfzehn Wörter angestrichen hast, ist das genug.
5. Nimm dein Heft und schreibe Sätze mit diesen Wörtern. Den Text selbst legst du vorher weg.
   Bilde eigene Sätze! Du darfst dich so ausdrücken, wie es dir am leichtesten fällt.
6. Lies zur Wiederholung deine eigene Niederschrift am folgenden Tag noch einmal nach.

Der Kontinent Europa

Europa ist ein Kontinent. Kontinent heißt „Erdteil“. Europa ist der zweitkleinste Erdteil und liegt auf der nördlichen Halbkugel.
Die Fläche Europas beträgt 10,4 Millionen km^2. Eine solche Zahl allein sagt uns nicht viel. Sie hilft uns jedoch beim Vergleichen. Der größte Kontinent hat 44,7 Millionen km^2.
Der kleinste Kontinent hat rund 8 Millionen km^2.
Hoch im Norden Europas ist es ständig kalt. Das Leben dort ist für Mensch und Tier sehr hart.

Das mittlere Europa, wo wir zu Hause sind, zeichnet sich durch ein gemäßigtes Klima und fruchtbare Böden aus. Den Menschen, die dort wohnen, geht es gut.

Der Süden Europas ist trocken und heiß. In den Ländern um das Mittelmeer verbringen deshalb Millionen Menschen aus dem kalten Norden ihren Urlaub.

Europa ist im Osten mit dem Erdteil Asien verbunden. Die Grenze verläuft über das Uralgebirge.

Woher der Name „Europa“ kommt, weiß man nicht sicher. Manche glauben, der Name komme aus der griechischen Sage. Danach ist „Europa“ eine Frau, die von einem Stier entführt wird. Dieser ist in Wahrheit Gott Zeus, der sich verwandelt hat.
Andere glauben, der Name „Europa“ komme von dem Wort „ereb“ aus der semitischen Sprache. Das heißt übersetzt „dunkel“. Danach ist Europa das „Abendland“ – der westliche Teil der Welt, wo die Sonne untergeht und wo es deshalb dunkel ist.

Aufgaben: nächste Seite

Beim Lernen liegt auf deinem Tisch immer ein aufgeschlagener Atlas.
Lies den Text aufmerksam. Wenn Orte oder Namen genannt werden, suche sie im Atlas.
Markiere die wichtigsten Wörter im Text farbig. Schreibe diese Wörter rechts am Blattrand auf.

Stolz Verlag   Europa kennenlernen, Best.-Nr. 084

Aufgaben

1. Wie groß ist Europa? Schreibe die Zahl mit allen Nullen aus.
2. Wie heißt der größte Kontinent? Wie oft würde Europa hineinpassen?
3. Wie heißt der kleinste Kontinent? Um wieviel ist er kleiner als Europa?
4. Wiederhole mit eigenen Worten, was du auf der Textseite gelesen hast. Zeige dabei auf dem Atlas die Regionen, von denen im Text die Rede ist.
5. Male die Meere auf der Europaskizze blau. Nimm einen Atlas und färbe die Landmassen wie auf der Karte ein: grün für Niederungen, braun für Gebirge.
6. Wie heißen die Meere, die Europa umgeben? Trage sie in die Skizze ein.

Die Landmasse Europas besteht zu mehr als einem Drittel aus Inseln und Halbinseln. Die Landschaft ist reich gegliedert. Vom Flachland bis zum hohen Gebirge ist alles vorhanden. Durch die Vielgestaltigkeit der Landschaften sind viele verschiedene Kulturen entstanden. Die zahlreichen Völker und Volksgruppen Europas haben häufig Kriege gegeneinander geführt.

Besonders faszinierend ist die Vielfalt der europäischen Landschaft. Im hohen Norden finden wir die gefrorene Tundra. Das Leben dort ist rau und hart. Im Süden an den Meeresküsten finden wir wilde Felswände oder sanfte Sandstrände. In Zentralspanien gibt es sogar eine Halbwüste, wo kaum Regen fällt.

Es gibt weite Ebenen in Europa und hohe Gebirgsmassive. Durch das nordeuropäische Tiefland fließen große Ströme, zum Beispiel die Elbe und die Weichsel.
Die größten Gebirge sind die Pyrenäen, die Alpen, die Karpaten und der Kaukasus. Wilde Gebirgsketten trennen schmale Täler mit tosenden Bächen.

Es gibt sogar eine Gegend in Europa, die tiefer liegt als der Meeresspiegel. Das Delta der Wolga und ebenso das Kaspische Meer liegen 28 Meter unterhalb der Meereshöhe.

Beim Reisen mit dem Zug kann man die Landschaft genießen.

Aufgaben: nächste Seite

Beim Lernen liegt auf deinem Tisch immer ein aufgeschlagener Atlas.
Lies den Text aufmerksam. Wenn Orte oder Namen genannt werden, suche sie im Atlas.
Markiere die wichtigsten Wörter im Text farbig. Schreibe diese Wörter rechts am Blattrand auf.

Aufgaben

1. Schreibe die Namen von mindestens fünf Inseln und Halbinseln auf. Atlasarbeit!
2. Weshalb gab (und gibt) es häufig Kriege in Europa? Nenne einen Grund dafür.
3. Schlage im Lexikon unter dem Stichwort „Tundra" nach. Lies den Eintrag.
4. Suche im Atlas die Flüsse Elbe und Weichsel. Verfolge mit dem Finger ihren Lauf von der Quelle bis zur Mündung. Welche großen Flüsse fließen noch durch Europa?
5. Zeige im Atlas die großen europäischen Gebirge, die im Text genannt sind.
6. Betrachte im Atlas die Wolgamündung und das Kaspische Meer. Dieses Gebiet liegt tiefer als der Meeresspiegel, kannst du das im Atlas erkennen?
7. Wiederhole mit eigenen Worten, was du auf der Textseite gelesen hast. Zeige dabei auf dem Atlas die Regionen, von denen im Text die Rede ist.

Trage in die Kartenskizze ein:
Pyrenäen, Alpen, Karpaten, Kaukasus, Uralgebirge
Elbe, Weichsel, Donau, Rhein, Wolga, Dnjepr
Beschrifte: das Schwarze Meer, das Kaspische Meer, die größten Inseln und Halbinseln

Klima und Vegetation

In Europa gibt es heiße und eiskalte Gegenden, trockene und regenreiche Gebiete. Das Klima ist sehr unterschiedlich, das liegt an der reich gegliederten Landschaft.

Der äußerste Norden Europas liegt innerhalb des Polarkreises. In der Tundra taut der Boden im Sommer nur an der Oberfläche auf. Dort wachsen Moose, Flechten, kleine Büsche und Kräuter. Im Sommer kann es auch im Norden warm, ja sogar heiß werden, denn die Sonne scheint dann fast rund um die Uhr.

Nord- und Westeuropa besitzen etwas Wunderbares, nämlich eine „Warmwasserheizung". Was ist damit gemeint? Die warme Meeresströmung im Atlantik nennen wir Golfstrom. Der Golfstrom erwärmt nicht nur die nordeuropäischen Meere, sondern auch die Luft über Nord- und Westeuropa.

Weite Flächen Europas sind mit Wald bedeckt. In Nadelwäldern wachsen Fichte, Tanne, Kiefer und Lärche. In den Laubwäldern gibt es Birke, Erle, Buche, Ahorn, Eiche und Kastanie. In Zentralspanien und Südrussland finden wir zahlreiche Steppen. Dort ist es im Sommer sehr trocken. Auf diesen Steppen wachsen Gräser und Getreide.

Europa wird etwa zur Hälfte landwirtschaftlich genutzt. Auf fruchtbaren Ackerböden gedeihen Gerste, Weizen, Roggen, Hafer, Mais, Oliven, Trauben, Zitrusfrüchte und viele verschiedene Gemüsesorten.

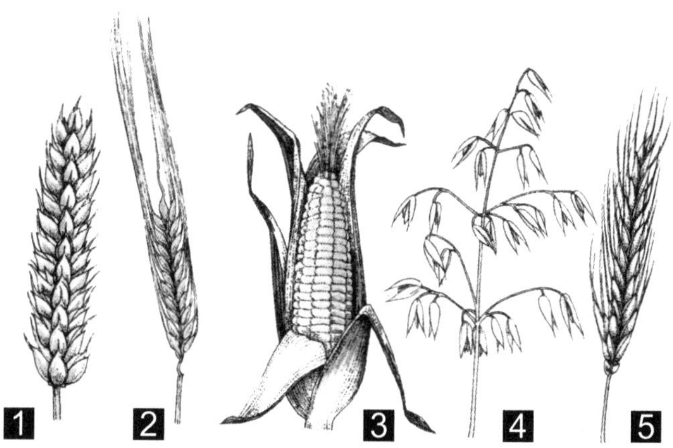

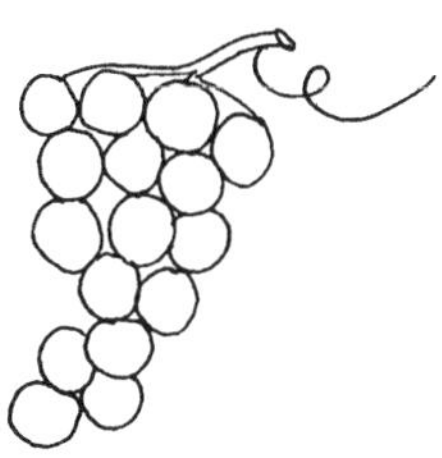

Aufgaben: nächste Seite

Lies den Text aufmerksam. Wenn Orte oder Namen genannt werden, suche sie im Atlas. Markiere die wichtigsten Wörter im Text farbig. Schreibe diese Wörter rechts am Blattrand auf. Wie heißen die Getreidesorten? Schreibe nach Nummern auf. Die Lösung findest du ganz hinten.

Europa kennenlernen, Best.-Nr. 084
Stolz Verlag

Klima und Vegetation

Aufgaben

1. Welche Länder Europas liegen nördlich des Polarkreises? Fahre mit dem Finger den Polarkreis entlang. (Atlas)
2. Welche Länder liegen am Golfstrom? Vergleiche unsere Skizze mit deinem Atlas und trage den Golfstrom ein.
3. Welche Bäume wachsen in Europas Wäldern? Zähle auf. Kennst du die Blätter dieser Bäume? Zeichne! Schlage im Sachbuch nach.
4. Was gedeiht auf den Äckern Europas? Zähle auf. Wie sehen die Pflanzen und Früchte aus? Zeichne. Schlage im Sachbuch nach.
5. Wiederhole mit eigenen Worten, was du auf der Textseite gelesen hast. Zeige dabei auf dem Atlas die Regionen, von denen im Text die Rede ist.

Suche eine Klimakarte im Atlas und male die Skizze mit den entsprechenden Farben aus.
Zeichne auch den Golfstrom ein.
Verfolge im Atlas die Strömung des Golfstroms auf der Weltkarte.

Skandinavien

Im Norden Europas, zwischen Europäischem Nordmeer und Ostsee, liegt die Skandinavische Halbinsel. Norwegen und Schweden sind Königreiche, die zur Skandinavischen Halbinsel gehören.

Norwegen hat eine Küste, die stark zerklüftet ist. Die „Finger" des Meeres, die tief ins Land hineinreichen, nennt man Fjorde. Die Stadt Hammerfest liegt in der Nähe des Nordkaps, sie ist die nördlichste Stadt Europas. Im Winter, während der Polarnacht, herrscht dort einige Monate lang völlige Finsternis. Die Polarnacht dauert vom 21. November bis zum 22. Januar. Im Sommer geht dafür wochenlang die Sonne nicht unter, sie wandert am Horizont entlang. Das nennen wir Mitternachtssonne.

Die Hälfte Schwedens besteht aus Wald. Skagerrak und Kattegat trennen Norwegen und Schweden vom Festland im Süden. Wie ein von der Hand ausgestreckter Daumen liegt dort die Halbinsel Jütland. Diese gehört zum Königreich Dänemark .

Weitere dänische Inseln sind Seeland, Fünen, Lolland, Falster und Bornholm. Außerdem gehören Grönland und die Färöer Inseln zu Dänemark.

Finnland ist reich an Seen, Wäldern und Mooren. Das Klima ist kühl und feucht. Der Bottnische Meerbusen trennt Finnland von Schweden. Die Hauptstadt Finnlands ist Helsinki, sie liegt am Finnischen Meerbusen. Im Osten hat Finnland eine gemeinsame Grenze mit Russland.

Der Husky fühlt sich am wohlsten, wenn es kalt ist.

Aufgaben: nächste Seite

Beim Lernen liegt auf deinem Tisch immer ein aufgeschlagener Atlas.
Lies den Text aufmerksam. Wenn Orte oder Namen genannt werden, suche sie im Atlas.
Markiere die wichtigsten Wörter im Text farbig. Schreibe diese Wörter rechts am Blattrand auf.

Stolz Verlag Europa kennenlernen, Best.-Nr. 084

Polartag und Polarnacht haben weitreichende Folgen für das Klima, die Pflanzen- und Tierwelt und natürlich auch für den Menschen. In den Tagen mit Mitternachtssonne kommt das Leben in den hohen Breiten niemals ganz zur Ruhe. Die Polarnacht ist dagegen eine harte Zeit. Viele Menschen werden dann von Depressionen geplagt.

Niemand, der es nicht selbst erlebt hat, kann sich vorstellen, was solch eine ewige Nacht bedeutet. „Nur wenn man selbst einmal bei Lampenlicht aufgestanden, beim Licht der Lampe wieder zu Bett gegangen, wieder bei Lampenlicht aufgestanden und zu Bett gegangen ist, Tag für Tag, Woche für Woche, Monat für Monat, nur dann weiß man, wie unsagbar schön die Sonne ist. Scheint nicht gerade der Mond oder sind die Sterne, wie meist, von Wolken verhangen, dann ist die Dunkelheit so schwarz, daß man sie mit den Händen greifen könnte. Vier Monate lang, 120 endlose Tage, ist Nacht, nichts als sturmdurchtobte, bitterkalte Nacht ..."

(Polarforscher Robert E. Peary)

Stelle dir vor, du erlebst ein Jahr am Polarkreis. Wie sähe wohl dein Tag im Winter aus, wenn Polarnacht herrscht? Stelle dir einen ganz normalen Werktag vor, an dem es dunkel bleibt wie in der finstersten Nacht.
Wie stellst du dir dagegen das Leben zur Zeit der Mitternachtssonne vor?
Schreibe mindestens eine Heftseite zu deinen Überlegungen.

Europa wächst zusammen

Europa setzt sich aus mehr als 40 selbständigen Staaten zusammen. Kriege zwischen diesen Staaten brachten den Menschen immer wieder große Not. Der Zweite Weltkrieg spaltete Europa in zwei Hälften: den Ostblock und die Länder im Westen. Die Grenze zwischen dem Osten und dem Westen verlief mitten durch Deutschland. 1989 fiel die Berliner Mauer. Im Osten und auf dem Balkan entstanden in den letzten Jahren neue Staaten. Russlands Landkarte ist völlig neu überarbeitet worden. Bis 1991 hatte man aus politischen Gründen Straßen und ganze Städte geheimgehalten, um Geheimdienste aus anderen Ländern zu verwirren.

Große Hoffnungen setzen die Menschen Europas auf die Europäische Union. Die Länder Europas sollen zusammenwachsen. Das will man mit diesem Zusammenschluss von Staaten erreichen. Dadurch sollen die Menschen dort künftig in Frieden und Wohlstand leben können.
Die Europäische Union wird EU abgekürzt. Symbol ist die Europaflagge: zwölf Sterne auf blauem Grund. Der geschlossene Kreis der Sterne steht für die Einigkeit der einzelnen europäischen Völker. 1986 waren es zwölf Staaten, die sich zur Europäischen Union zusammengeschlossen hatten. 1995 waren es bereits 15 Staaten. Im Jahr 2004 gehören zur Europäischen Union:

Belgien, Dänemark, Deutschland, Estland, Finnland, Frankreich, Griechenland, Großbritannien, Irland, Italien, Lettland, Litauen, Luxemburg, Malta, Niederlande, Österreich, Polen, Portugal, Schweden, Slowakei, Slowenien, Spanien, Tschechische Republik, Ungarn, Zypern.

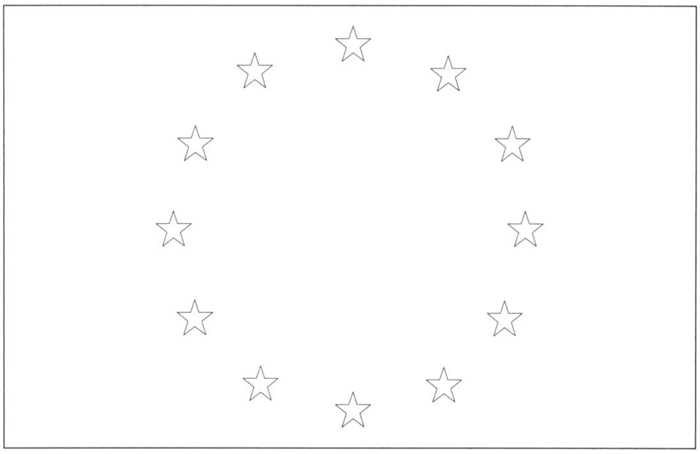

In Zukunft wollen noch mehr Länder dazukommen.
Im Jahr 2002 führten die meisten EU-Mitgliedsstaaten eine gemeinsame Geldwährung ein: den EURO.

Aufgaben: nächste Seite

Beim Lernen liegt auf deinem Tisch immer ein aufgeschlagener Atlas.
Lies den Text aufmerksam. Wenn Orte oder Namen genannt werden, suche sie im Atlas.
Markiere die wichtigsten Wörter im Text farbig. Schreibe diese Wörter rechts am Blattrand auf.

Stolz Verlag   Europa kennenlernen, Best.-Nr. 084

Aufgaben

1. Zähle die Länder der EU auf. Zeige sie im Atlas. Nenne die Hauptstädte. Zeichne die Flagge der EU mit den zwölf Sternen auf ein DIN-A4-Blatt und male in den richtigen Farben aus.
2. Der Euro löste 2002 die meisten nationalen europäischen Währungen ab. Welche „alten" Währungen kennst du? Ihr könnt diese Aufgabe gemeinsam bearbeiten.
3. Mach dich schlau: Welche Länder gehörten nach dem Zweiten Weltkrieg zum Ostblock? Das kannst du im Lexikon nachschlagen. Male diese Länder auf der Karte rot aus.
4. Wiederhole mit eigenen Worten, was du auf der Textseite gelesen hast. Zeige dabei auf dem Atlas die Regionen, von denen im Text die Rede ist.

Sprachen in Europa

In Europa gibt es 62 Sprachen. Die meisten Sprachen gehören zu drei großen Sprachfamilien:

1. Indogermanische Sprachen
Germanische Sprachen: Deutsch, Englisch, Niederländisch, Dänisch, Schwedisch ...
Romanische Sprachen (aus dem Lateinischen entstanden): Französisch, Italienisch, Spanisch, Portugiesisch, Rumänisch ...
Slawische Sprachen: Russisch, Polnisch, Tschechisch, Bulgarisch, Serbokroatisch ...
Keltische Sprachen: Irisch, Schottisch, Walisisch ...

2. Finno-ugrische Sprachen
Finnisch und Ungarisch

3. Turksprachen
Türkisch, Tatarisch, Gagausisch ...

Die geheimnisvollste und schwierigste aller europäischen Sprachen ist das Baskische. Bis heute hat noch niemand genau herausgefunden, mit welcher Sprache sie verwandt ist und wie sie in das Baskenland gelangte.

Wie sich Sprachen entwickeln

Nehmen wir zum Beispiel Finnisch und Ungarisch. Beide Sprachen stammen aus einer Ursprache. Diese wurde vor ungefähr 6000 Jahren von einem Volk im Uralgebirge gesprochen. Das Volk verließ das Uralgebirge und teilte sich. Der eine Teil zog nach Nordeuropa, der andere ins Gebiet des heutigen Ungarn.
Mit der Zeit hat sich die Sprache unterschiedlich entwickelt. Heute ist daraus Finnisch und Ungarisch geworden. Beide Sprachen haben nur noch wenige ähnlich klingende Wörter.

Zum Beispiel:

Finnisch	**Ungarisch**	
vesi	viz	(Wasser)
käsi	kez	(Hand)

Aufgaben: nächste Seite

Stolz Verlag   Europa kennenlernen, Best.-Nr. 084

Aufgaben

1. In manchen Ländern werden zwei oder mehrere verschiedene Sprachen gesprochen. Was weißt du darüber?
2. In welchen Ländern spricht man welche Sprache? Male aus und beschrifte.
   Gelb für Deutsch: Deutsch ist Landessprache in Deutschland, Österreich, der Schweiz, Luxemburg und Liechtenstein.

   Rot für Französisch
   Grün für Italienisch
   Blau für Englisch

   Mache selbst weiter!

Die Mitte

- [ ] Belgien
- [ ] Deutschland
- [ ] Dänemark
- [ ] Liechtenstein
- [ ] Luxemburg
- [ ] Niederlande
- [ ] Österreich
- [ ] Schweiz
- [ ] Tschechien

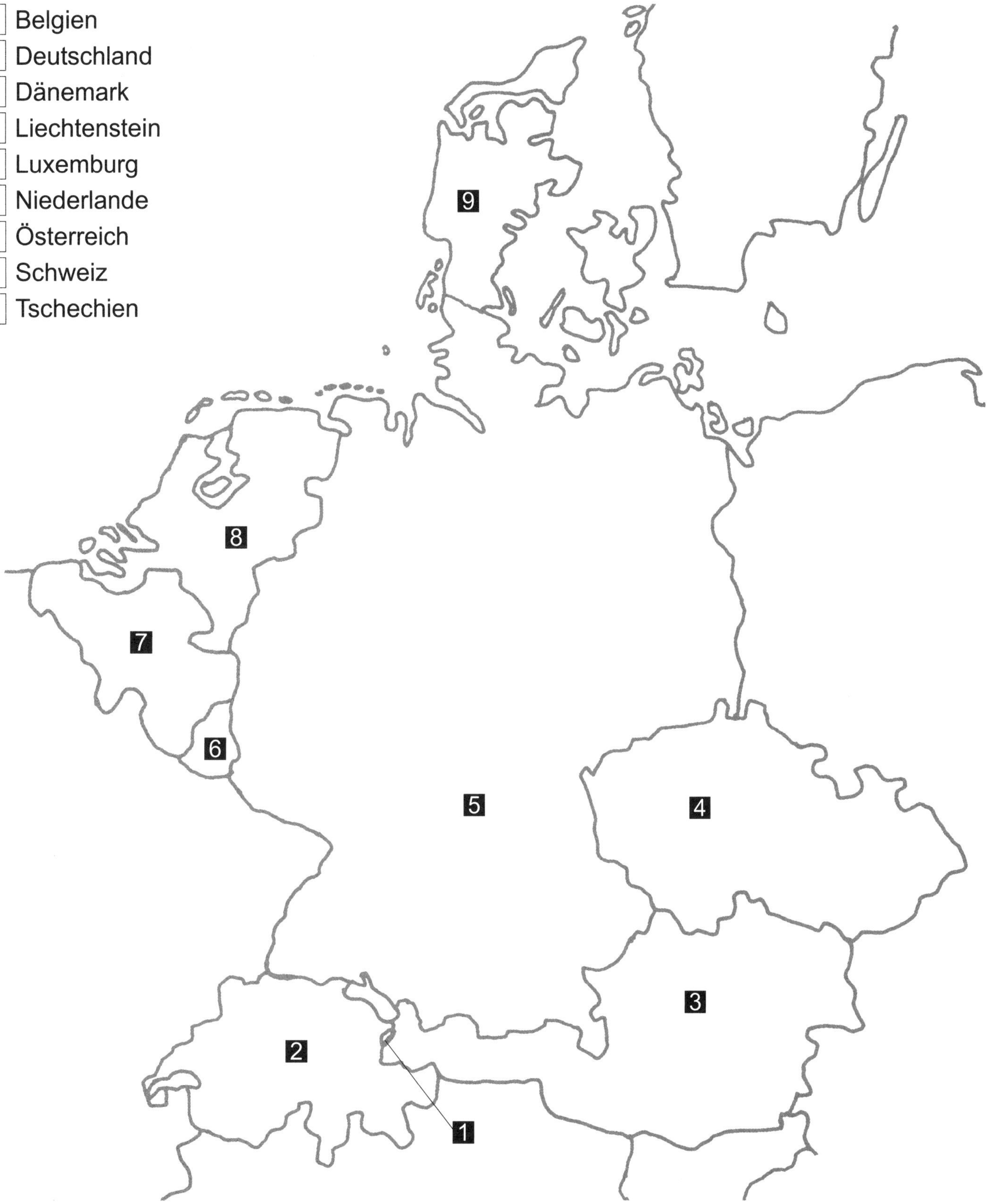

Male die Wasserflächen blau aus. Benutze zum Ausmalen der verschiedenen Länder ebenfalls Farben. Setze die richtige Ziffer vor die Namen. Suche im Atlas die jeweiligen Hauptstädte. Trage die Hauptstädte in die Kartenskizze ein. Welche großen Gewässer und Gebirge fallen dir auf?

Europa kennenlernen, Best.-Nr. 084
Stolz Verlag

Der Westen

- [ ] Andorra
- [ ] Belgien
- [ ] Frankreich
- [ ] Luxemburg
- [ ] Monaco
- [ ] Niederlande
- [ ] Portugal
- [ ] Spanien

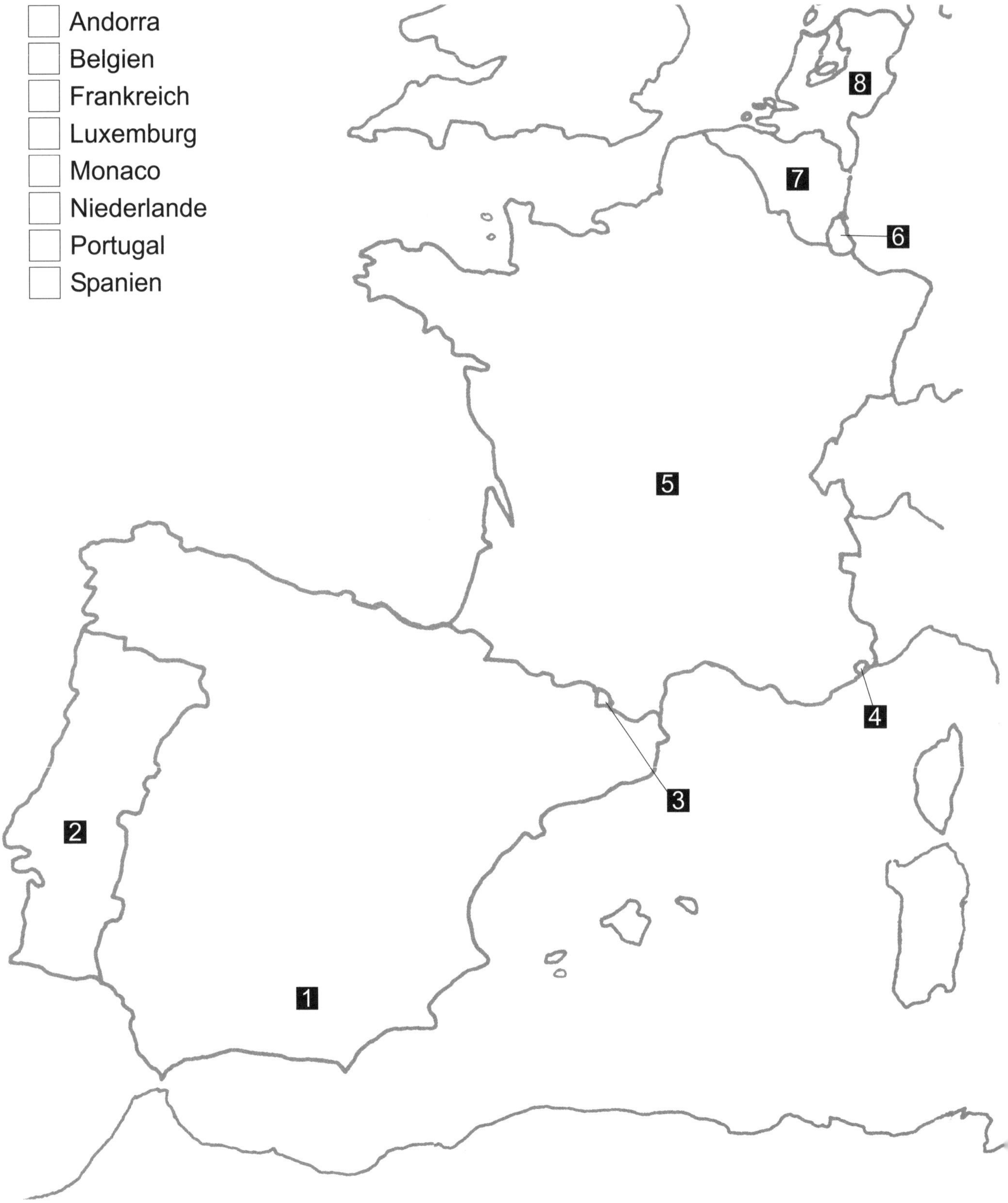

Male die Wasserflächen blau aus. Benutze zum Ausmalen der verschiedenen Länder ebenfalls Farben. Setze die richtige Ziffer vor die Namen. Suche im Atlas die jeweiligen Hauptstädte. Trage die Hauptstädte in die Kartenskizze ein. Welche großen Gewässer und Gebirge fallen dir auf?

Stolz Verlag Europa kennenlernen, Best.-Nr. 084

Der mittlere Süden

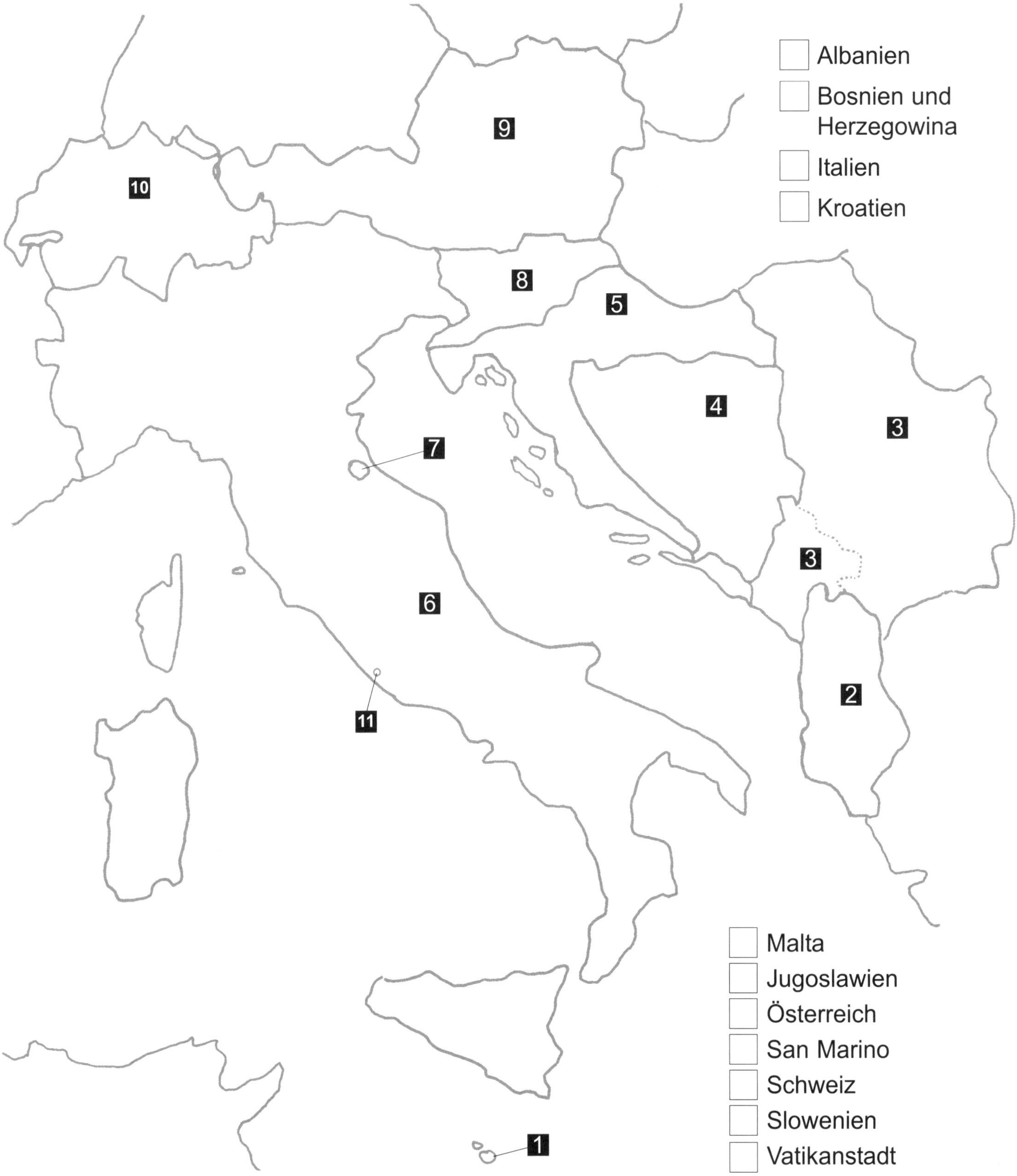

- ☐ Albanien
- ☐ Bosnien und Herzegowina
- ☐ Italien
- ☐ Kroatien

- ☐ Malta
- ☐ Jugoslawien
- ☐ Österreich
- ☐ San Marino
- ☐ Schweiz
- ☐ Slowenien
- ☐ Vatikanstadt

Male die Wasserflächen blau aus. Benutze zum Ausmalen der verschiedenen Länder ebenfalls Farben. Setze die richtige Ziffer vor die Namen. Suche im Atlas die jeweiligen Hauptstädte. Trage die Hauptstädte in die Kartenskizze ein. Welche großen Gewässer und Gebirge fallen dir auf?

Stolz Verlag   Europa kennenlernen, Best.-Nr. 084

Nimm dir Zeit zum Lernen

Der Südosten

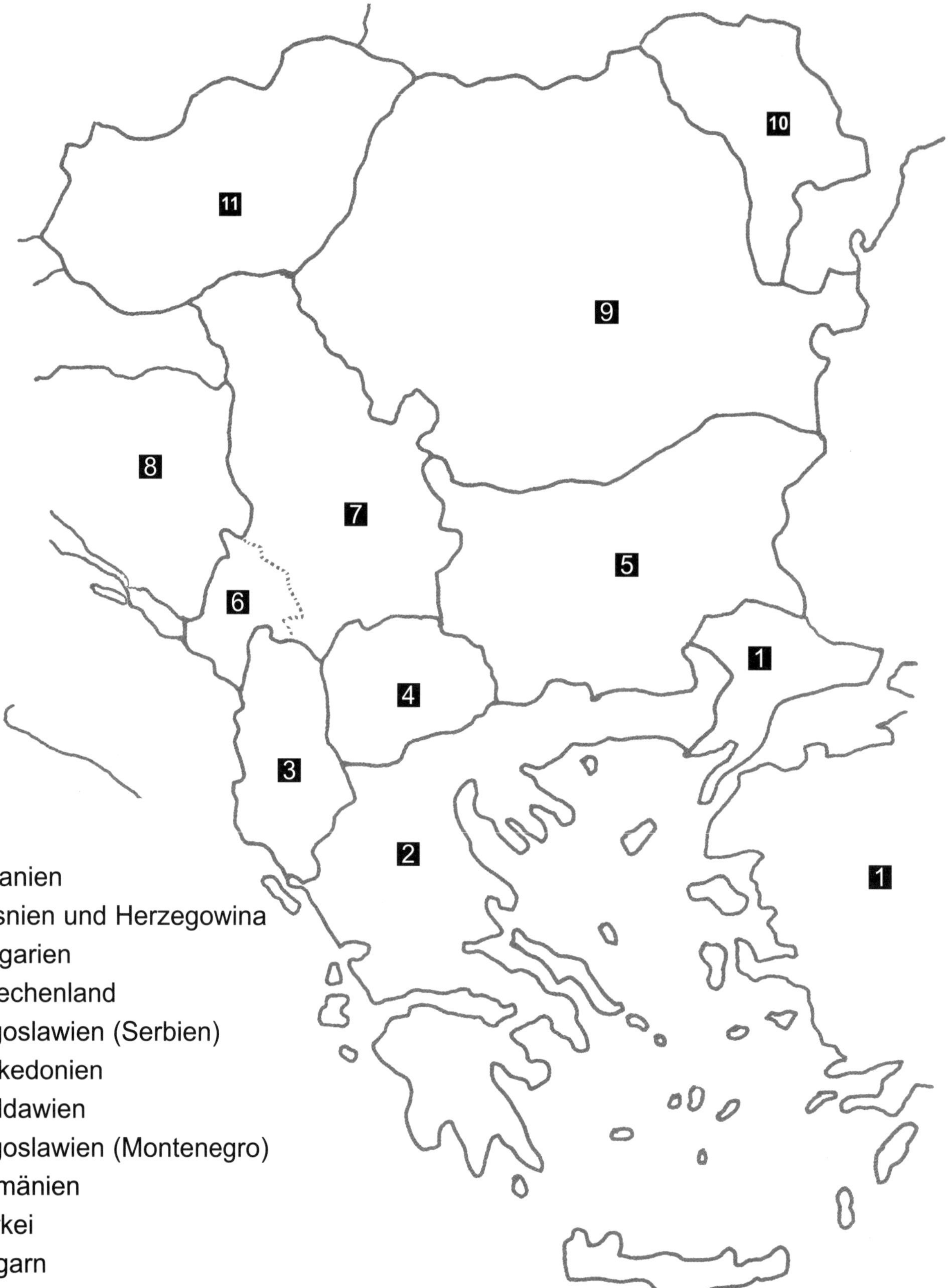

- ☐ Albanien
- ☐ Bosnien und Herzegowina
- ☐ Bulgarien
- ☐ Griechenland
- ☐ Jugoslawien (Serbien)
- ☐ Makedonien
- ☐ Moldawien
- ☐ Jugoslawien (Montenegro)
- ☐ Rumänien
- ☐ Türkei
- ☐ Ungarn

Male die Wasserflächen blau aus. Benutze zum Ausmalen der verschiedenen Länder ebenfalls Farben. Setze die richtige Ziffer vor die Namen. Suche im Atlas die jeweiligen Hauptstädte. Trage die Hauptstädte in die Kartenskizze ein. Welche großen Gewässer und Gebirge fallen dir auf?

Stolz Verlag Europa kennenlernen, Best.-Nr. 084

Die großen Inseln

☐ Großbritannien und Nordirland
☐ Irland
☐ Island

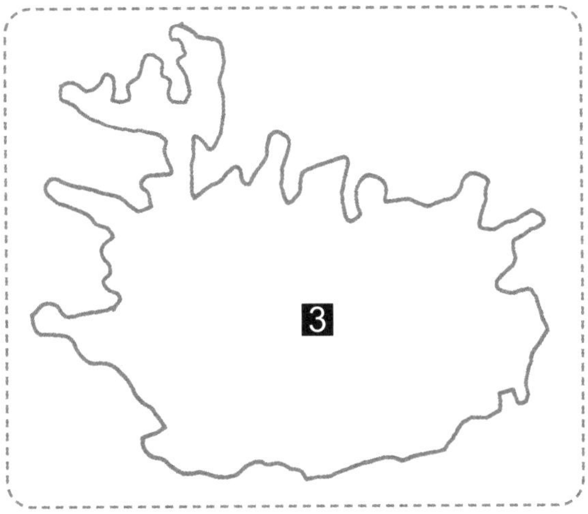

Male die Wasserflächen blau aus. Benutze zum Ausmalen der verschiedenen Länder ebenfalls Farben. Setze die richtige Ziffer vor die Namen. Suche im Atlas die jeweiligen Hauptstädte. Trage die Hauptstädte in die Kartenskizze ein. Welche großen Gewässer und Gebirge fallen dir auf?

Europa kennenlernen, Best.-Nr. 084
Stolz Verlag

Der Norden

- [ ] Dänemark
- [ ] Estland
- [ ] Finnland
- [ ] Lettland
- [ ] Litauen
- [ ] Norwegen
- [ ] Schweden

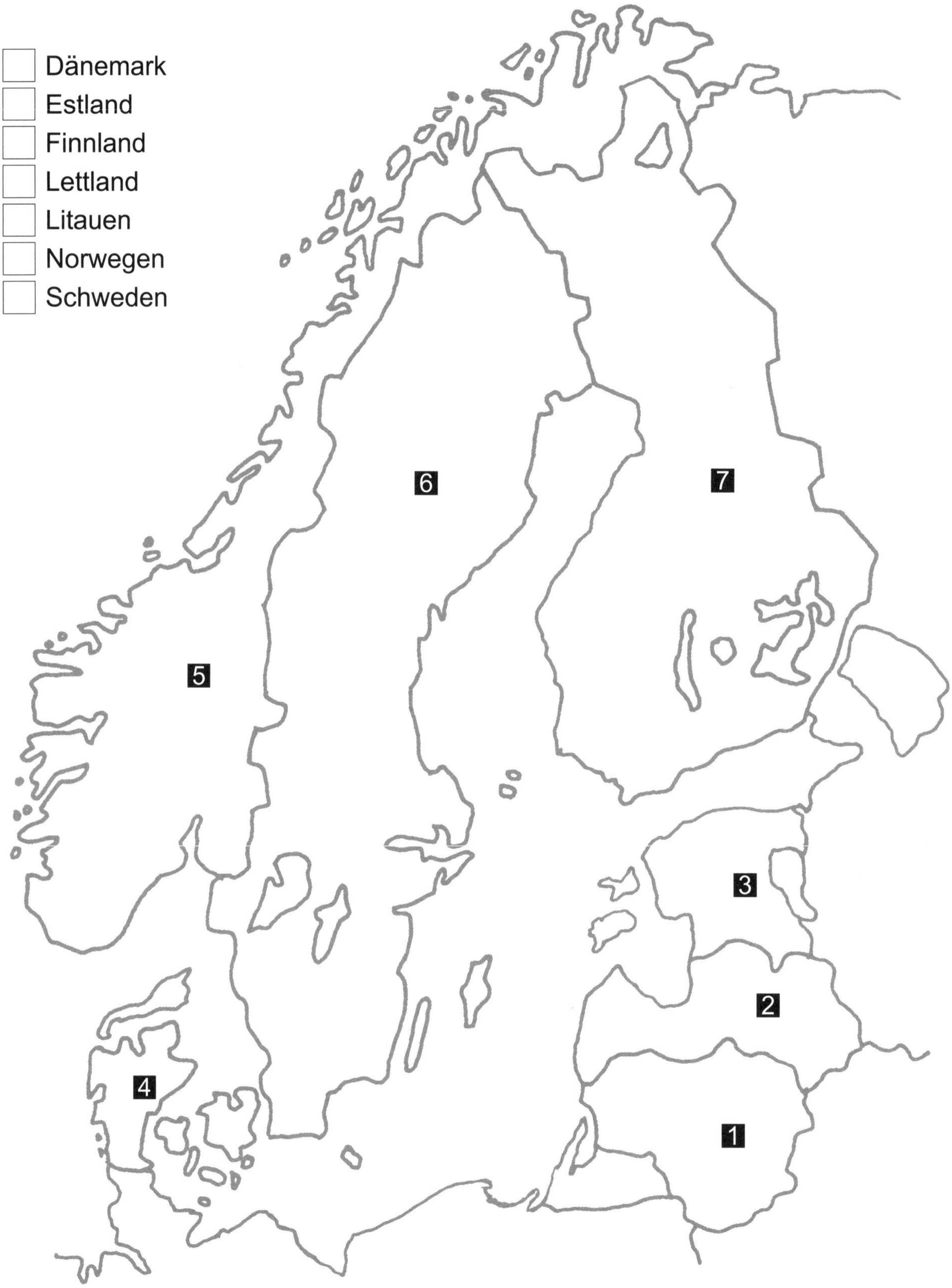

Male die Wasserflächen blau aus. Benutze zum Ausmalen der verschiedenen Länder ebenfalls Farben. Setze die richtige Ziffer vor die Namen. Suche im Atlas die jeweiligen Hauptstädte. Trage die Hauptstädte in die Kartenskizze ein. Welche großen Gewässer und Gebirge fallen dir auf?

Stolz Verlag   Europa kennenlernen, Best.-Nr. 084

Der Osten

- [ ] Estland
- [ ] Lettland
- [ ] Litauen
- [ ] Moldawien
- [ ] Polen
- [ ] Russland
- [ ] Slowakei
- [ ] Tschechien
- [ ] Ukraine
- [ ] Weißrussland

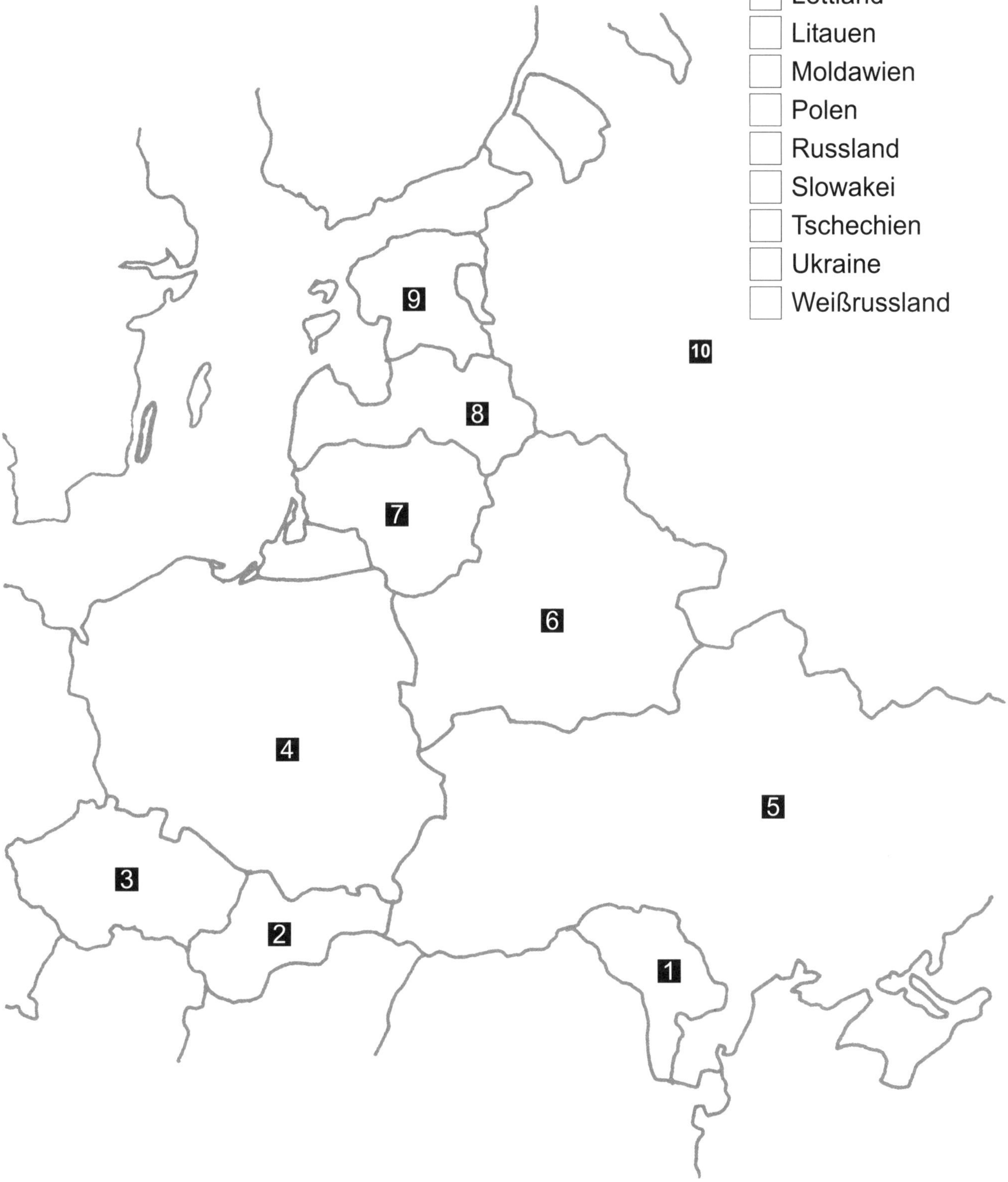

Male die Wasserflächen blau aus. Benutze zum Ausmalen der verschiedenen Länder ebenfalls Farben. Setze die richtige Ziffer vor die Namen. Suche im Atlas die jeweiligen Hauptstädte. Trage die Hauptstädte in die Kartenskizze ein. Welche großen Gewässer und Gebirge fallen dir auf?

Stolz Verlag   Europa kennenlernen, Best.-Nr. 084

Nimm dir Zeit
zum Lernen

Europas Gebirge

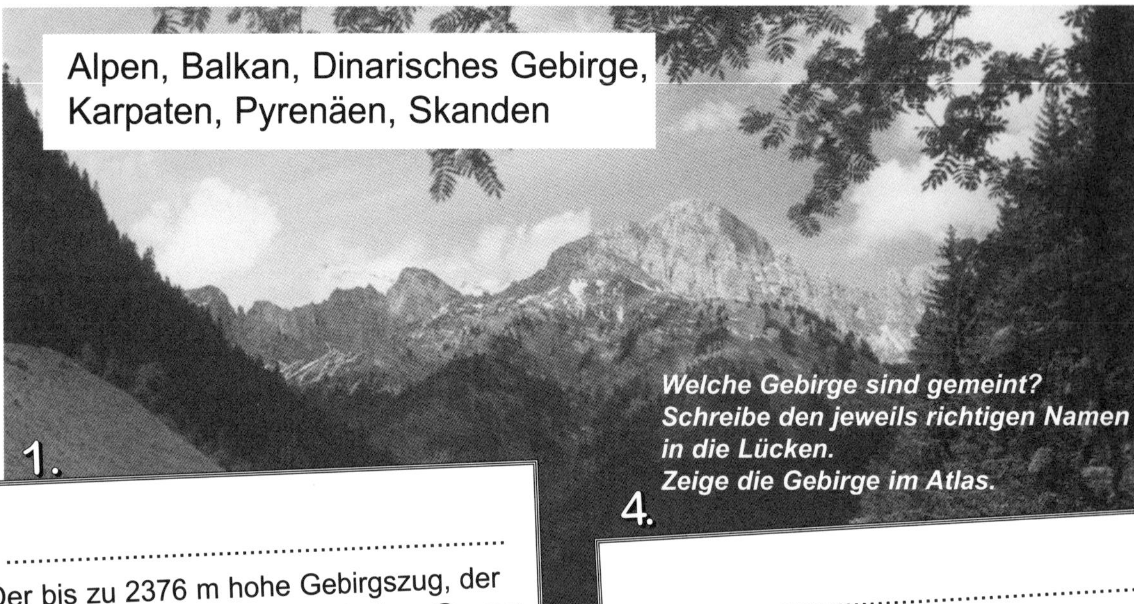

Alpen, Balkan, Dinarisches Gebirge, Karpaten, Pyrenäen, Skanden

Welche Gebirge sind gemeint? Schreibe den jeweils richtigen Namen in die Lücken. Zeige die Gebirge im Atlas.

1.

....

Der bis zu 2376 m hohe Gebirgszug, der sich von der bulgarisch-serbischen Grenze rund 600 km weit bis zur Schwarzmeerküste durch Bulgarien zieht, hat der Halbinsel im Südosten Europas den Namen gegeben.
Weite Tiefländer wechseln mit schroffen Hochgebirgen, fruchtbare Agrarlandschaften mit verkarsteten Kalkmassiven.

2.

....

Sieben Staaten haben Anteil am höchsten Kettengebirge in Europa: Österreich, Schweiz, Liechtenstein, Frankreich, Italien, Deutschland und Slowenien.
Im Westen erreichen die Gipfelhöhen 3500 bis 4200 m. Am höchsten ragt der 4810 m hohe Montblanc hinauf. Gegenwärtig sind noch etwa 3200 km^2 dieses Gebirges vergletschert.

3.

....

Die höchste Erhebung dieses Gebirges ist die 2655 m hohe Gerlsdorfer Spitze. Fünf Gebirgszüge ordnen sich zu einem System von Kettengebirgen an, das sich gekrümmt, einer Eidechse gleich, von der Donau bei Pressburg bis zur Walachei erstreckt.

4.

....

Dieses Kettengebirge wird durch vier große Gebirgsstränge aufgebaut. Es geht in Slowenien aus den Julischen Alpen hervor. Es erstreckt sich in südöstliche Richtung durch Kroatien, Bosnien-Herzegowina, Jugoslawien, Makedonien, Albanien und Griechenland.
Die höchsten Gipfel erreichen 2700 m.

5.

....

Das Gebirge ist die am stärksten vergletscherte Region des europäischen Festlandes: 3800 km^2 Eisfläche bedecken das Gebirge. Die höchsten Erhebungen sind die beiden vergletscherten Felspyramiden Galdhöppingen (2469 m) und Glittertind (2470 m).
Dieses Gebirge bedeckt einen Großteil Norwegens und Schwedens.

6.

....

Dieses Gebirge bildet eine der stabilsten Staatsgrenzen Europas, sie trennt Spanien und Frankreich. Der Zwergstaat Andorra liegt mitten in diesem Gebirge.
Der höchste Gipfel ist der Pico de Aneto, mit 3404 m Höhe.
In den Höhen ist das Klima kühl, die Winter sind streng und schneereich.

Stolz Verlag   Europa kennenlernen, Best.-Nr. 084

Europas Gewässer

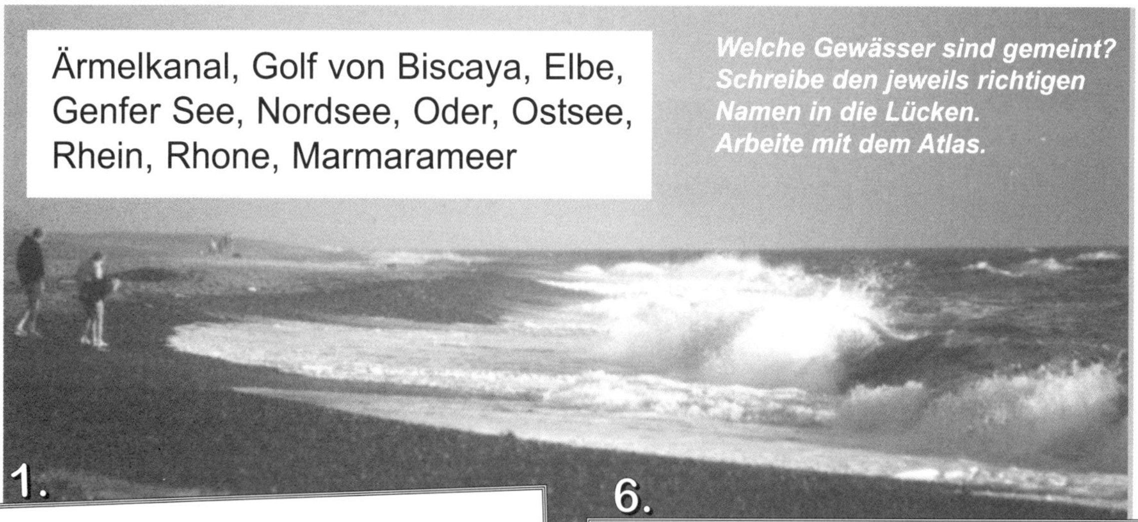

Ärmelkanal, Golf von Biscaya, Elbe, Genfer See, Nordsee, Oder, Ostsee, Rhein, Rhone, Marmarameer

Welche Gewässer sind gemeint? Schreibe den jeweils richtigen Namen in die Lücken. Arbeite mit dem Atlas.

1.

....

Als Randmeer des Atlantischen Ozeans trennt es England von Frankreich. Die Meeresstraße ist im Durchschnitt nur 50 Meter tief. Zwischen Dover und Calais ist sie bloß 34 Kilometer breit.

2.

....

Diese Bucht findest du im Atlantischen Ozean, sie ist bis zu 550 km breit. Sie schiebt sich wie ein Keil zwischen der Bretagne und der Iberischen Halbinsel ins westeuropäische Festland.

3.

....

Dieser Fluss ist einer der wichtigsten Schiffswege Europas. Er entspringt in der Schweiz, durchfließt den Bodensee und mündet in die Nordsee.

4.

....

Dieses Nebenmeer ist durch die Dardanellen mit dem Mittelmeer verbunden.

5.

....

Dieser Fluss entspringt am Rande des Riesengebirges, ist 1165 km lang und mündet bei Cuxhaven in die Nordsee.

6.

....

Dieses Meer hat einen wesentlich geringeren Salzgehalt als die offenen Ozeane. Deshalb bildet sich im Winter schneller eine Eisdecke. Die Gezeiten sind gering.

7.

....

Dieses Gezeitenmeer hat einen Tidenhub bis 7 Meter. Es hat einen oft viele Kilometer breiten Watten- und Marschgürtel. Gefährlich sind die Sturmfluten.

8.

....

Der wasserreichste Fluss Frankreichs ist schiffbar. Er mündet am Golf du Lion ins Mittelmeer.

9.

....

Dieser See ist der größte in den Alpen. Er ist bis 310 m tief und 72 km lang. Die Rhone fließt durch den See.

10.

....

Dieser Fluss bildet im Mittellauf die Grenze zwischen Polen und Deutschland. Er entspringt bei Olmütz und mündet in die Ostsee. Länge: 912 km.

Stolz Verlag Europa kennenlernen, Best.-Nr. 084

Europa zum Auswendiglernen

Fläche:	10.400.000 km^2
Einwohner:	ungefähr 700 Millionen
Religionen:	Christentum, Islam, Orthodoxe Kirchen, Judentum
Höchster Berg:	Mont Blanc, 4.810 m hoch (Gipfel in den Alpen, Frankreich) *Der Elbrus im Kaukasus mit 5.642 m ist wesentlich höher, wird jedoch nicht in allen Nachschlagewerken zu Europa gezählt.*
Längster Fluss:	Wolga, 3.531 km lang (Russland)
Größte Insel:	Großbritannien (siebtgrößte Insel der Erde)
Größter See:	Ladogasee, 18.130 km^2 (Russland). Etwa die Größe von Sachsen oder Rheinland-Pfalz.
Gezeitenunterschied:	In St. Malo an der französischen Atlantikküste beträgt die Differenz zwischen Ebbe und Flut 15 Meter. Das ist höher als ein Haus mit 4 Stockwerken.
Vulkan:	Der höchste aktive Vulkan ist der Ätna auf Sizilien (Italien).
Landwirtschaft:	Fast die Hälfte der Fläche Europas wird landwirtschaftlich genutzt.
Nördlichste Stadt:	Die nördlichste Stadt ist Hammerfest in Norwegen. Hammerfest ist sogar die nördlichste Stadt der Welt. Wegen der wochenlangen, finsteren Polarnacht hatte Hammerfest als erste Stadt Europas eine elektrische Straßenbeleuchtung.
Größter Gletscher:	Der Vatnajökull auf Island (8.400 km^2). Der Gletscher würde das halbe Thüringen bedecken.

Bevor du auswendig lernst, suche alle genannten Orte, Gebiete, Flüsse und so weiter im Atlas! Decke dazu einmal die rechte, dann die linke Spalte ab. Wenn du glaubst, alles im Kopf behalten zu haben, lasse dich abfragen. Wer kann am besten auswendig lernen? Fragt euch gegenseitig ab.

Stolz Verlag   Europa kennenlernen, Best.-Nr. 084

Staaten und Hauptstädte

Albanien	Tirana
Andorra	Andorra la Vella
Belgien	Brüssel
Bosnien und Herzegowina	Sarajevo
Bulgarien	Sofia
Deutschland	Berlin
Dänemark	Kopenhagen
Estland	Reval (Tallinn)
Finnland	Helsinki
Frankreich	Paris
Griechenland	Athen
Großbritannien	London
Irland	Dublin
Island	Reykjavik
Italien	Rom
Serbien	Belgrad
Kroatien	Zagreb
Lettland	Riga
Liechtenstein	Vaduz
Litauen	Vilnius
Luxemburg	Luxemburg
Makedonien	Skopje
Malta	La Valetta
Moldawien	Kischinew
Monaco	Monaco-Ville
Montenegro	Podgorica
Niederlande	Amsterdam*
Norwegen	Oslo
Österreich	Wien
Polen	Warschau
Portugal	Lissabon
Rumänien	Bukarest
Russland	Moskau
San Marino	San Marino
Schweden	Stockholm
Schweiz	Bern
Slowakei	Pressburg
Slowenien	Laibach (Ljubljana)
Spanien	Madrid
Tschechien	Prag
Türkei	Ankara
Ukraine	Kiew
Ungarn	Budapest
Vatikanstadt	Vatikanstadt
Weißrussland	Minsk
Zypern	Nicosia

*Regierungssitz von den Niederlanden ist Den Haag

Bevor du auswendig lernst, suche alle Staaten und Hauptstädte im Atlas.
Lerne dann so: Decke im Wechsel die rechte und linke Spalte ab. Lasse dich abfragen.
Ihr könnt auch ein Partner-Quiz machen: Einer nennt den Staat, der andere muss die Hauptstadt wissen und im Atlas zeigen können. Für jede richtige Antwort gibt es einen Punkt.

Stolz Verlag   Europa kennenlernen, Best.-Nr. 084

Die Donau

Die Donau fließt durch zehn europäische Länder, sie ist ein europäischer Fluss. Bei Donaueschingen in Deutschland fließen Breg und Brigach zusammen und bilden die Donau. In Rumänien mündet die Donau ins Schwarze Meer. Dazwischen liegen 2858 Kilometer. Damit ist die Donau der zweitlängste Fluss Europas. Nur die Wolga ist länger als die Donau.
Die Donau hat verschiedene Namen, je nachdem, wo sie gerade dahingleitet. In Deutschland und Österreich heißt sie „Donau", in der Slowakei „Dunaij", in Ungarn und Jugoslawien sagen die Menschen „Duna", in Bulgarien „Dunaw" und in Rumänien „Dunarea".

Die Donau ist eine wichtige Wasserstraße. Ab Kehlheim in Deutschland ist sie schiffbar. Lastkähne und Vergnügungsschiffe pflügen durch ihre Wasser. Mit einem Donaukreuzfahrtschiff kann man bis zum Schwarzen Meer reisen!

Welche Staaten durchfließt die Donau? Trage zuerst die Ländernamen in die Kartenskizze ein.
Zeichne dann den Weg der Donau quer durch Europa ein! Schau dazu in den Atlas.
Die Donau fließt durch vier europäische Hauptstädte. Welche? Zeichne auch sie ein.

Europareise

1. Wir steigen in München in den Zug. Über Salzburg und Villach reisen wir nach Rom.
   Durch welche Staaten fährt der Zug?
   Welche Gebirge sind zu überqueren?

2. In Rom steigst du ins Flugzeug. Im Direktflug geht es nach Gibraltar, der südlichsten Spitze Spaniens.
   Über welches Gewässer fliegen wir?
   Welche Inseln sehen wir unter uns?

3. Mit dem Autobus reisen wir nun bis Madrid.
   Durch welche Landschaften fahren wir? Welche Flüsse überqueren wir?

4. Und ab geht's in das Flugzeug. Der Direktflug führt uns von Madrid nach London. Wie heißen die Gewässer, die du unten funkeln siehst? Welches Land siehst du tief unten, sofern keine Wolken die Aussicht versperren?

5. Genug von London gesehen. In Dover schiffst du dich ein und reist nach Athen! Welche Meere bereisen wir? Welche Halbinsel (die mit den Fingern!) ist vom Schiff zu umfahren, ehe es Athen anlaufen kann?

6. Noch nicht genug vom Schiff? Also, reisen wir weiter von Athen nach Odessa. Beschreibe die Reise! In welchem Land liegt Odessa?

7. Jetzt fliegen wir noch von Odessa nach Astrachan im Wolgadelta.
   Über welche Gewässer und Staaten fliegen wir?

8. Jetzt haben wir Sehnsucht nach Deutschland. Wir nehmen den nächsten Direktflug nach Berlin. Welche Staaten überqueren wir?

Denke dir selbst noch drei Reiserouten aus. Diesmal soll es in den Norden gehen.
Gib die Reiserouten deinem Banknachbarn zur weiteren Bearbeitung!

Stolz Verlag   Europa kennenlernen, Best.-Nr. 084

Ein gefräßiges Tier ...

1

Ein gar gefräßiges Tier
seht ihr hier.

4

Drei Finger an einer,
vier an der anderen
Hand – was ist das
bloß für ein Land?

2

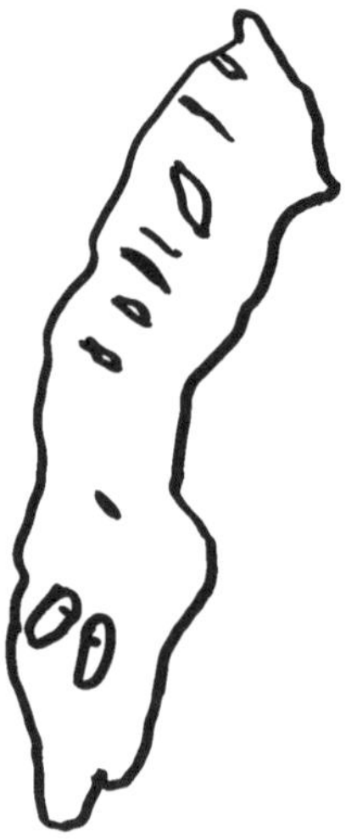

Ein Strumpf mit Augen,
der soll was taugen!

5

Der Stiefel da
möchte gern
nach Afrika.

3

Im Norden ist mein Land
sehr bekannt.
Und meine Mütze
ist einfach Spitze!

Schaue dir die Umrisse der anderen Staaten im Atlas an. Versuche, darin ein Tier, eine Pflanze oder ein Ding zu sehen!

Stolz Verlag   Europa kennenlernen, Best.-Nr. 084

Stolz Verlag

Schneidhausener Weg 52, 52355 Düren, Tel. (02421) 5 79 79 info@stolzverlag.de

Deutsch

Aufsatzschreiben kinderleicht
Werkstatthefte 3./4. Schuljahr
Märchen & Fabeln *Best.-Nr. 309*
Fortsetzungsgeschichten *Nr. 310*
Reizwortgeschichten *Best.-Nr. 308*

Die Aufsatzwerkstatt
Beispiele, Übungen, Lösungen ab 5. Schj.
Erzählen und Fabulieren *Nr. 309*
Nacherzählung und Inhaltsangabe *Best.-Nr. 307*
Gegenstands- und Vorgangsbeschreibung *Best.-Nr. 308*
Protokoll, Exzerpt, Zusammenfassung *Best.-Nr. 305*

Aufsatz-Trainer 3.- 5. Sj. *Best.-Nr. 066*

Der Schneemann im Kühlschrank (Bildergeschichten)
3. bis 5. Schuljahr *Best.-Nr. 143*

Mini-Bildergeschichten ab 2. Sj.
Wortschatz erweitern *Best.-Nr. 144*

Grammatik kinderleicht
Grundlagenwissen für alle
ab 3. Schuljahr *Best.-Nr. 248*

Satzbau Blödelmeister
Grammatik-Spiel *Best.-Nr. 162*

Workshop Grammatik 5./7. Sj.
Verben *Best.-Nr. 170*
Substantive *Best.-Nr. 171*
Adjektive *Best.-Nr. 172*
Zeichensetzung *Best.-Nr. 173*
das oder dass *Best.-Nr. 174*

Grammatik Grundwissen
ab Ende 3. Schuljahr, Orientierungsstufe
Band 1: **Wortlehre** *Best.-Nr. 060*
Band 2: **Satzlehre** *Best.-Nr. 061*

Grammatikstunde 5. bis 10. Sj.
Übungen und Lösungen *Best.-Nr. 062*

Freude an Reim und Rhythmus
Gedichte im Unterricht
3. bis 6. Schuljahr *Best.-Nr. 141*

Besser lesen lernen mit Märchen, Sagen und Fabeln
ab 2. Schuljahr *Best.-Nr. 276*

Sachtexte lesen & verstehen
ab 5. Schuljahr *Best.-Nr. 106*

Zehn Minuten täglich üben
Nachhilfe Deutsch ab 5. Sj. *Best.-Nr. 210*

Therapie der Handschrift
Übungen zu Feinmotorik, Lesbarkeit und Ästhetik *Best.-Nr. 207*

Lesetraining

ORIGINAL-LESETRAINING von Karin Pfeiffer
1. Schuljahr *Best.-Nr. 031*
2. Schuljahr *Best.-Nr. 032*
3. Schuljahr *Best.-Nr. 033*
4. Schuljahr *Best.-Nr. 034*
5. Schuljahr *Best.-Nr. 035*
6. Schuljahr *Best.-Nr. 036*
7. Schuljahr *Best.-Nr. 037*
8/9. Schuljahr *Best.-Nr. 287*

Lesetraining-Übungshefte:
1. Schuljahr *Nr. 291* **5. Schuljahr** *Nr. 295*
2. Schuljahr *Nr. 292* **6. Schuljahr** *Nr. 296*
3. Schuljahr *Nr. 293* **7. Schuljahr** *Nr. 297*
4. Schuljahr *Nr. 294* **8. Schuljahr** *Nr. 298*

Lesetraining für Legastheniker
ab 2. Schuljahr *Best.-Nr. 126*

Lektüren & Co.

TRAUMFABRIK-LITERATURBLÄTTER
Ergänzendes Übungsmaterial zur Lektüre; jedes Heft 32 Seiten DIN-A4.

Der Buchstabenvogel
1. Schuljahr *Best.-Nr. 184*
Mufti, der kleine freche Dino
ab 1. Schuljahr *Best.-Nr. 209*
Wie die Katze zum K kam
ab 1. Schuljahr *Best.-Nr. 208*
Sofie macht Geschichten
ab 1. Schuljahr *Best.-Nr. 108*
Der Findefuchs
ab 2. Schuljahr *Best.-Nr. 028*
Hanno malt sich einen Drachen
ab 2. Schuljahr *Best.-Nr. 189*
Die Olchis sind da
ab 2. Schuljahr *Best.-Nr. 205*
Igel komm, ich nehm dich mit
ab 2. Schuljahr *Best.-Nr. 185*
Das Schlossgespenst
ab 2./3. Schuljahr *Best.-Nr. 093*
Das Vamperl
ab 3. Schuljahr *Best.-Nr. 159*
Ben liebt Anna
ab 3. Schuljahr *Best.-Nr. 196*
Umsonst geht nur die Sonne auf
ab 3. Schuljahr *Best.-Nr. 216*
Sonst bist du dran
ab 3./4. Schuljahr *Best.-Nr. 215*
Ich bin ein Stern
ab 5. Schuljahr *Best.-Nr. 188*
Rennschwein Rudi Rüssel
ab 5. Schuljahr *Best.-Nr. 222*
Insel der blauen Delphine
ab 6. Schuljahr *Best.-Nr. 194*

Rechtschreiben

„5-Minuten-Diktate"
Beim Üben mit diesen Heften fassen auch rechtschreibschwache Schüler wieder Mut.
2. Schuljahr *Best.-Nr. 017*
3. Schuljahr *Best.-Nr. 018*
4. Schuljahr *Best.-Nr. 019*
5. Schuljahr *Best.-Nr. 020*
6. Schuljahr *Best.-Nr. 021*
7. Schuljahr *Best.-Nr. 052*

Die besten Schmunzeldiktate
Grundschule *Best.-Nr. 011*

Die besten Schmunzeldiktate
ab 5. Schuljahr *Best.-Nr. 014*

Zwillingsdiktate 2. – 6. Sj.
Ein Text zum Üben, einer zum Prüfen!
Best.-Nr. 015

Mathematik

Schmunzelmathe Textaufgaben
Schritt für Schritt; mit Lösungen
1./2. Schuljahr *Best.-Nr. 094*
3./4. Schuljahr *Best.-Nr. 095*
5. Schuljahr *Best.-Nr. 313*
6. Schuljahr *Best.-Nr. 314*

Die Einmaleins-Maus im Hunderterhaus 2. Sj. *Best.-Nr. 710*

Mathe zum Schmunzeln
111 listig-lustige Rechengeschichten
Freiarbeit / Fördern, ab 2. Sj. *Best.-Nr. 257*

Mathe kinderleicht – Grundrechenarten ab 5. Sj. *Best.-Nr. 247*

Grundrechenarten – Lernen an Stationen Übungen mit Selbstkontrolle, ab 5. Sj. *Best.-Nr. 253*

Bruchrechnen
systematische Grundlagenübungen
Nachhilfe und Freiarbeit *Best.-Nr. 154*

Übungen Geometrie ab 4. Sj.
Grundlegende Aufgaben *Best.-Nr. 121*

Verschiedenes

40 Vertretungsstunden GS
Grundschule *Best.-Nr. 267*

40 Vertretungsstunde SEK
ab 5. Schuljahr *Best.-Nr. 268*

20 Funny English Lessons
ab 6. Sj., mit Lösungen *Best.-Nr. 206*